FICHE DE LECTURE

DOCUMENT RÉDIGÉ PAR DAVID NOIRET
MAITRE EN LANGUES ET LITTÉRATURES FRANÇAISES ET ROMANES
(UNIVERSITÉ LIBRE DE BRUXELLES)

AF137669

Le Château de ma mère

MARCEL PAGNOL

lePetitLittéraire.fr

Rendez-vous sur lePetitLittéraire.fr et découvrez :

- plus de 1200 analyses
- claires et synthétiques
- téléchargeables en 30 secondes
- à imprimer chez soi

Code promo : LPL-PRINT-10

Marcel Pagnol
Écrivain, dramaturge et cinéaste français

- **Né en 1895 à Aubagne**
- **Décédé en 1974 à Paris**
- **Quelques-unes de ses œuvres :**
  Marius (1929), pièce de théâtre
  La Gloire de mon père (1957), roman
  Le Château de ma mère (1957), roman

Né à Aubagne d'un père instituteur et d'une mère couturière, Marcel Pagnol (1895-1974) devient lui-même professeur après des études de lettres anglaises à l'université d'Aix-en-Provence.

Il obtient un grand succès à Paris grâce à ses pièces de théâtre dans lesquelles il met en scène sa région natale (la célèbre trilogie marseillaise comprenant *Marius*, 1929, *Fanny*, 1931, et *César*, 1936). Il s'intéresse au cinéma et signe, entre 1931 et 1954, pas moins de 21 films (dont *Le Schpountz*, en 1937).

En 1946, il est élu à l'Académie française. Il commence une carrière de romancier en 1957 avec la rédaction de ses *Souvenirs d'enfance* et *L'Eau des collines* en 1963 (diptyque célèbre comprenant *Jean de Florette* et *Manon des sources*).

Le Château de ma mère
Célébration d'une mère
partie trop tôt

- **Genre :** roman
- **Édition de référence :** *Le Château de ma mère*, Paris, éditions de Fallois, 2004, 221 p.
- **1re édition :** 1957
- **Thématiques :** enfance, famille, chasse, amitié, souvenir, peur

Le Château de ma mère est le second tome des *Souvenirs d'enfance*. Il fut publié conjointement au premier, *La Gloire de mon père*, en 1957. Suivent *Le Temps des secrets* (1960), puis *Le Temps des amours*, inachevé, publié à titre posthume en 1977.

Le roman débute *in medias res* par cette phrase : « Après l'épopée cynégétique des bartavelles, je fus d'emblée admis au rang des chasseurs [...] », claire allusion à l'épisode de la partie de chasse qui clôt *La Gloire de mon père*. Il est donc la suite chronologique du premier tome. Après avoir célébré l'amour paternel, Marcel Pagnol découvre les joies de l'amitié avec Lili des Bellons. Mais, comme l'indique le titre, le personnage principal de ce second volume est la mère de Marcel, Augustine, qui est décédée alors qu'il n'avait que 15 ans.

RÉSUMÉ

LA VIE D'ERMITE

Les vacances se poursuivent pour Marcel et sa famille. Celui-ci va désormais régulièrement chasser en compagnie de l'oncle Jules et de son père, Joseph. Un jour, alors qu'il rabat le gibier, il rencontre Lili des Bellons, un jeune paysan qui relève les nombreux pièges qu'il a posés. Les deux enfants deviennent amis et Marcel découvre les joies de ce type de chasse. L'admiration est mutuelle : si Marcel est fasciné par les connaissances champêtres et cynégétiques de Lili, celui-ci admire le savoir de Marcel, et par-dessus tout l'exploit de Joseph, qui a tué deux bartavelles l'an passé.

Paul, le frère de Marcel, s'amuse avec sa petite sœur, tandis que Marcel et Lili arpentent les collines et piègent des volatiles de toutes sortes et autres animaux indésirables. Mais une tempête surprend les jeunes amis qui s'abritent dans une grotte qui traverse le mont Taoumé, et dont Lili révèle le secret à Marcel. Mais, lorsqu'ils découvrent qu'un grand-duc effrayant y a élu domicile, ils s'enfuient à grandes enjambées vers la *Bastide-Neuve*, la maison de vacances de la famille Pagnol.

En entendant le mot « octobre » dans la bouche de Lili, Marcel se rend compte que la rentrée des classes approche à grands pas. La nouvelle tombe finalement : dimanche, il faudra rentrer à la maison. Désemparé, Marcel essaie de convaincre ses parents de faire le trajet tous les jours, arguant que « l'air de la ville, pour maman, ça ne vaut rien » (p. 54). Mais, à son grand désespoir, tout le monde semble bien décidé à reprendre la vie active.

Le samedi arrive bientôt, et Marcel prend la décision de fuguer. Auparavant, il rédige une lettre à ses parents dans laquelle il leur dit vouloir devenir « hermitte » et vivre dans les collines. Il prépare son balluchon, des provisions et fuit à la tombée de la nuit, aidé par son complice Lili. Les deux amis prennent la direction de la grotte dans la nuit froide. Lili est impressionné par le courage de Marcel, qui semble pourtant diminuer au fil de leur avancée. Arrivés dans la grotte, ils sont ensuite effrayés par « legrosibou » qu'ils avaient oublié et qui risque de leur crever les yeux.

Les deux amis décident d'attaquer l'oiseau au lever du jour, puis se rendent à la source qui ravitaillera Marcel durant son séjour, mais il constate qu'elle ne fournit que dix litres d'eau par jour. Cette nouvelle tombe comme une fatalité pour lui. Il se résigne à rentrer à la villa où il retrouve sa lettre et la déchire. Honteux, il s'endort finalement.

LA RENTRÉE SCOLAIRE

Le dimanche, les Pagnol font leurs adieux à Lili : Joseph promet à ce dernier qu'il reverra Marcel à l'occasion des vacances de Noël, à condition que celui-ci prépare bien son examen des bourses de juin pour aller au lycée. Lorsque l'école reprend, Marcel, en vue de préparer cette épreuve, suit un cursus intensif. Un jour, à son retour de l'école, il trouve une lettre de Lili : celui-ci se languit de le revoir.

Le jour des retrouvailles est enfin arrivé : Lili attend Marcel avec une impatience dissimulée qui ne trompe pourtant personne. Pagnol, de son côté, explique que « ces huit jours de Noël filèrent comme un rêve » (p. 127) et, comme toute la famille a adoré ces vacances, Augustine décide de venir en Provence tous les samedis. Par ailleurs, son amitié avec la femme du directeur de l'école influence ce dernier qui modifie l'horaire de Joseph et lui ménage de longs weekends. Ainsi, « presque tous les samedis, à partir du Mardi gras, nous pûmes "monter aux collines" » (p. 132), se réjouit Marcel.

C'est ainsi qu'un samedi d'avril, ils rencontrent Bouzigue, un ancien élève de Joseph, sur la route menant à la *Bastide-Neuve* qui leur décrit un raccourci permettant de gagner deux heures. Ce dernier est devenu le surveillant du canal qui longe quatre immenses propriétés séparées par une porte. Il propose à Joseph de surveiller le canal à sa place pour justifier leur passage par ce chemin privé. Au vu de la route qu'il reste encore à parcourir, il finit par accepter l'offre.

Dès lors, ils empruntent ce raccourci systématiquement. Mais, alors qu'ils n'ont encore rencontré aucun châtelain, un samedi du mois de mai, le vieux noble du premier château vient à leur rencontre. À leur grande surprise, il se montre très prévenant avec eux, leur propose l'aide de son garde Wladimir, offre des roses à Augustine et les invite enfin chez lui. La seconde propriété, celle du « château de la Belle au bois dormant » est traversée sans encombre.

Par contre, en traversant la propriété du notaire, ils rencontrent Dominique, un jardinier qui fait mine de les réprimander. Toutefois, il leur donne des conseils pour ne pas éveiller l'attention du notaire, et leur offre des paniers de fruits. Il leur reste encore à franchir la quatrième propriété, la plus grande et la plus redoutée à cause du garde alcoolique qui la surveille avec son chien. Augustine nourrit une grande angoisse à l'approche de ce château, mais ils ne rencontrent personne.

LES GRANDES VACANCES

Au mois de juin Marcel réussit brillamment ses examens, terminant second de sa classe. Tout est aussitôt prêt pour les grandes vacances et les retrouvailles à la villa.

Mais la traversée habituelle des propriétés est lente et pénible et, à leur arrivée devant la dernière porte, au moment de sortir du domaine, Joseph constate qu'on y a placé un cadenas. C'est alors que surgit le sinistre gardien. Il leur confisque la clé du raccourci, ainsi que le carnet sur lequel Joseph notait les avaries du canal, et promet de dresser un procès-verbal. Effrayée, Augustine s'évanouit. Joseph est honteux, humilié et contraint de rebrousser chemin.

Arrivés à la *Bastide-Neuve*, le moral est au plus bas. En raison de son infraction, Joseph craint pour sa place d'instituteur et sa promotion. La nouvelle s'est répandue dans le village et Bouzigue, accompagné de deux amis, se rend chez le garde zélé. À son tour, il le menace de lui dresser un procès-verbal pour avoir cadenassé la porte et récupère les objets de Joseph. Bouzigue est reçu en grande pompe à la *Bastide-Neuve*.

Des années plus tard, Marcel Pagnol est devenu un grand cinéaste et a fait l'acquisition d'un vaste domaine. Augustine, Lili et Paul sont décédés depuis quelques années. À son arrivée sur les lieux, Pagnol raconte : « Je reconnus l'affreux château, celui de la peur, de la peur de ma mère. » (p. 216) Pour conjurer ce mauvais souvenir, il lance une pierre contre la porte qui ne s'ouvre pas et « [l]es planches pourries s'effondrèrent sur le passé » (p. 217).

ÉTUDE DES PERSONNAGES

MARCEL

Il y a dans ce roman deux Marcel Pagnol : l'homme de 62 ans, le narrateur, qui prend la plume pour raconter ses souvenirs d'enfance, et le petit garçon qu'il était. L'écriture naturelle et simple donne parfois l'impression que c'est l'enfant lui-même qui raconte ses souvenirs dont la plus grande partie se rapporte à l'année de ses 9 ans.

Le narrateur correspondant à l'auteur, *Le Château de ma mère* est un roman autobiographique.

Dans le premier volume des *Souvenirs d'enfance*, Pagnol vouait à son père une admiration sans limite, rehaussée encore par son coup d'éclat lors de la chasse des bartavelles. Dans ce second volume, c'est à Augustine, sa maman, qu'il rend hommage. Il l'aime tendrement et fait tout pour alléger son fardeau quotidien.

Marcel a un frère cadet, Paul, et une petite sœur. C'est un enfant épanoui et curieux de tout. Lecteur précoce, il a cependant la maturité d'un enfant normal.

Il a beaucoup progressé depuis son escapade dans les collines, à la recherche de son père et de son oncle, partis à la chasse sans lui (voir *La Gloire de mon père*). C'est désormais un jeune chasseur plein de ressources qui impressionne même son ami Lili.

LILI DES BELLONS

Marcel décrit Lili des Bellons en ces termes lors de leur première rencontre :

« C'était un petit paysan. Il était brun avec un visage provençal, des yeux noirs et de longs cils de fille. Il portait sous un vieux gilet de laine grise, une chemise brune à manches longues qu'il avait roulées jusqu'au-dessus des coudes, une culotte courte et des espadrilles de corde comme les miennes, mais il n'avait pas de chaussettes. (p. 12)

Il a alors 8 ans.

C'est le fils de François, un paysan qui a aidé les Pagnol à transporter leurs meubles dans leur maison de vacances, et il connait Joseph, « le fameux chasseur des bartavelles », de réputation. Il apprend à Marcel à poser des pièges. C'est un chasseur hors-pair et il connait très bien les collines.

Il parle un patois truculent (qui se révèle dans la lettre qu'il écrit à Marcel), et il a reçu peu d'instruction. Il ne fait pas grand cas de l'école.

Il a un bon cœur et témoigne à Marcel une amitié indéfectible. Il aime beaucoup Augustine et ne peut s'empêcher de rougir lorsqu'il la côtoie.

Lili est tué pendant la Première Guerre mondiale, en 1917.

AUGUSTINE

En bonne mère de famille, Augustine prend soin de ses trois enfants et s'inquiète du surmenage de Marcel. Timide, menue et toujours très jolie, Augustine est capable de tout pour ses enfants : elle devient même amie avec la femme du directeur pour que celui-ci modifie l'horaire de Joseph. Celui-ci dit d'elle qu'« elle a le Génie de l'Intrigue » (p. 132). Séjourner à la *Bastide-Neuve* fait du bien aux Pagnol. La manœuvre d'Augustine permet donc de faire le bonheur de la famille. C'est là une des rares décisions qu'elle prend.

De plus, l'air de la campagne lui est aussi très bénéfique, étant donné sa santé précaire. Après la longue marche jusqu'à la *Bastide-Neuve*, Marcel la trouve fatiguée. Elle est toujours très pâle et a les yeux cernés.

Lors du fameux samedi de juillet, elle a un pressentiment en arrivant devant la quatrième propriété. La présence du garde et de son chien l'effraie au plus haut point et elle s'évanouit, impressionnée par la violence des évènements et la sonnerie du réveil matin (déballé, comme tout le contenu des sacs) qui s'est inopinément déclenchée. Elle garde de cet épisode un traumatisme profond.

Elle décède prématurément cinq ans après cet été « de la peur ».

PAUL

Paul, le petit frère de Marcel, est plus effacé dans ce second volume. Son innocence et sa spontanéité en font un des principaux ressorts comiques des *Souvenirs d'enfance*. Paul ne manque jamais une occasion de s'émerveiller d'une expression qu'il a entendue, d'une blague ou d'une phrase qu'il redit à l'envi (« C'est une passoire », répète-t-il en parlant du mur défectueux du canal).

Il ne semble pas grandir et a des comportements contradictoires et inattendus qui accroissent encore le comique du personnage.

Il est décédé précocement à l'âge de 30 ans.

BOUZIGUE

Bouzigue, l'ancien élève de Joseph, est décrit en ces termes lorsque les Pagnol le rencontrent la première fois : « Il portait un uniforme sombre à boutons de cuivre, et une casquette pareille à celle des hommes des chemins de fer. Il avait une petite moustache noire, et des gros yeux marron qui brillaient de plaisir. » (p. 133) C'est un bon vivant qui aime l'alcool (vin blanc, Pernod) et faire bonne chère. Son métier est piqueur (« surveillant ») au canal.

Peu scrupuleux, il se vante de ses relations familiales (sa sœur est mariée à un conseiller général) qui pourraient jouer en sa faveur en cas de coup dur. Il sait se faire respecter et se montre plus impressionnant encore que le garde lorsqu'il lui rend visite au château.

LES PERSONNAGES SECONDAIRES

Le noble du premier château traversé est un vieillard à la barbe blanche et a une large cicatrice rose sur le visage. Il se montre aimable et très courtois avec les Pagnol. C'est un ancien colonel qui a participé à la bataille Reichsoffen, le « comte Jean de X... » (p. 161).

Il est accompagné d'un garde bienveillant nommé Wladimir qui porte « deux paires de moustaches rousses : l'une sous le nez, l'autre au dessus des yeux » (p. 157). Il est costaud et très serviable avec la famille Pagnol.

Dominique, le jardinier du troisième château, celui du notaire, accueille les Pagnol avec une violence feinte. Armé d'une fourche, il a des cheveux épais et frisés et porte une « forte moustache noire hérissée comme celle d'un chat » (p. 164). Il a bon cœur, et se montre très aimable et généreux avec la famille Pagnol.

Le garde du dernier château est un personnage sinistre. Il incarne l'abus de pouvoir et d'autorité. C'est un ancien adjudant au mauvais caractère. Il est souvent ivre, a la jambe raide et se promène avec un chien énorme nommé Mastoc qui effraie Augustine. Il est de taille moyenne, de corpulence forte, porte un uniforme vert et un képi.

CLÉS DE LECTURE

UNE HISTOIRE D'AMITIÉ

L'amitié est la grande thématique qui traverse ce second volume des *Souvenirs d'enfance*. Les différents protagonistes offrent des variations sur ce beau sentiment :

- l'amitié entre Lili et Marcel. Les deux enfants s'entendent à merveille et ont du mal à se séparer à la fin des vacances. L'épisode de la lettre est symbolique de cette amitié : Marcel calque son style sur celui de Lili et fait volontairement des fautes, comme un signe d'allégeance à son ami aux dépens des règles orthographiques qu'il connait pourtant et lui enseignera même par la suite. Lors de leurs retrouvailles à Noël, Lili feint de ne pas avoir attendu son ami Marcel en prétextant qu'il se trouvait sur leur route pour une autre raison. Ce petit mensonge comble de joie Marcel qui se félicite de l'amitié de Lili ;
- l'amitié entre Joseph et Jules. Elle semble si forte qu'elle fait dire au narrateur que « les enfants ne connaissent guère la vraie amitié. Ils n'ont que des « copains » ou des complices, et changent d'amis en changeant d'école, ou de classe, ou même de banc » (p. 124) ;
- l'amitié de Bouzigue pour Joseph, et sa reconnaissance. C'est grâce à Joseph qu'il exerce son métier de surveillant. Il fait donc cadeau aux Pagnol de la clé permettant de traverser toutes les propriétés pour leur faire gagner un temps précieux lorsqu'ils se rendent

dans leur maison de campagne. Quand Joseph est démoralisé suite à l'affaire du procès-verbal, Bouzigue tire son ami de l'embarras en employant la manière forte. Lors de la soirée qui suit cet exploit, Bouzigue passe du «vous» au «tu», à l'instar de Jules et de Joseph dans le premier volume. Ce changement de pronom est une marque d'affection certaine.

Augustine apporte cependant une nuance à ce sentiment qu'est l'amitié : «Les amis, dit ma mère, on ne peut pas toujours y compter.» (p. 197)

DES ENTORSES AUX PRINCIPES

Joseph est initialement un homme de principes. Le premier volume le présentait comme un homme laïc, contre la consommation d'alcool, anticlérical et antiroyaliste. Ce second volume le présente comme un homme beaucoup moins intransigeant, donc plus flexible et plus humain. Il se permet des entorses à tous ses principes :

- il accepte la «liqueur honnête» de Jules le soir de Noël et en sert même un verre aux deux enfants ;
- lorsque l'oncle Jules convie la famille Pagnol à la messe de minuit, Joseph, laïc et anticlérical, accepte de bon cœur cette belle preuve d'amitié, bien qu'il ne partage pas les convictions de Jules ;
- bien qu'il soit un homme de justice et d'une droiture à toute épreuve, après de longues hésitations, Joseph finit par accepter la proposition de Bouzigue de couper à travers les propriétés qui longent le canal pour rejoindre plus rapidement le village de La Treille.

Sur l'insistance de Marcel et d'Augustine, et surtout après que Bouzigue a justifié le droit de passage sur ces propriétés par la collaboration de Joseph à l'inspection du canal, ce dernier finit par accepter de recevoir la clé qui permet l'ouverture des portes : il accepte donc de se mettre hors la loi, d'« entrer dans l'illégalité » (p. 156). Il est néanmoins rattrapé par le sentiment de culpabilité quand le garde les surprend en flagrant délit. Il ne cesse alors de répéter : « Comme on est faible quand on est dans son tort », et est très abattu ;

• Joseph, qui ne cesse de nourrir son préjugé négatif sur les nobles (« Moi je n'aime pas beaucoup les nobles », p. 140) et considère ceux-ci comme des gens insolents et cruels, remet son avis en cause lors de sa rencontre avec le colonel, serviable et prévenant ;

• parvenu avec sa famille en un temps record au café des Quatre-Saisons grâce au raccourci de Bouzigue, Joseph ne peut refuser de boire le verre de vin blanc que lui offre son ancien élève. Il accepte donc à nouveau de boire un verre d'alcool (après le vin cuit servi à Noël), tout en y ajoutant cependant de l'eau de Vichy afin de « diminuer la dose de poison » (p. 145). Joseph met littéralement de « l'eau dans son vin ». Après la mauvaise rencontre avec le garde, Wladimir force également Joseph et Augustine à boire un verre d'eau-de-vie pour se remettre de leurs émotions ;

• Joseph se croyait également antimilitariste, jusqu'à sa rencontre avec le colonel de la bataille de Reischoffen. Il s'intéresse alors de plus près à cette bataille et ne peut cacher son admiration pour ce grand homme.

LE TRAITEMENT DU TEMPS

Le récit est principalement centré sur le séjour des Pagnol à la *Bastide-Neuve*. La plus grande partie de l'histoire s'étend sur une année, de la fin des grandes vacances décrites dans *La Gloire de mon père* au début des grandes vacances suivantes. Quelques passages évoquent la scolarité de Marcel, mais ceux-ci sont très brefs. L'auteur utilise l'ellipse, un procédé qui permet de passer sur certains détails. L'intérêt de l'action est donc centré sur la dimension de vacances, de bonheur et de liberté.

Dans les dernières pages du livre, l'auteur se livre à une prolepse, c'est-à-dire à un déplacement dans le temps vers l'avenir : il évoque successivement la mort de sa mère, de son frère et de son ami Lili. Ce procédé permet de percevoir combien la peur d'Augustine retentit encore dans le présent, c'est-à-dire au moment où Marcel acquiert le domaine du château (on peut situer ce moment autour de l'année 1938 selon les indications qu'il donne) et, par extension, dans le présent d'écriture qui correspond à l'année 1957. Ce déplacement dans le temps s'effectue depuis le passé qui vient d'être évoqué, c'est-à-dire celui de la petite enfance de Pagnol. Cela permet de saisir simultanément deux (voire trois) temporalités différentes, relatives à un même lieu.

L'ORALITÉ DE L'ÉCRITURE

L'écriture de Marcel Pagnol se caractérise par l'importance accordée à l'oralité. Le roman contient de nombreux dialogues, ce qui fait ressortir l'accent provençal des paysans, ainsi que l'accent catalan de l'oncle Jules. Ainsi, l'écriture est chantante. Cette dimension d'oralité est célébrée dans toute l'œuvre de Pagnol. Mais on rencontre, en plus, dans ce roman, un certain nombre de traits absents du premier volume. Ceci est dû en partie à Lili des Bellons :

- le petit paysan apprend à Marcel un certain nombre de mots nouveaux qui désignent plusieurs espèces de la faune provençale sauvage : *bédouïde* (une sorte d'alouette), *pétoulié* (nappe de crottes), *darnagas* (des oiseaux imbéciles), *limberts* (lézards), *aludes* (fourmis ailées), etc. Tous ces termes sont issus du patois provençal ;
- Marcel, intelligent et cultivé, répète plus ou moins à la lettre ce que son père lui a appris : « Franchement, dis-je, je te trouve bien bête de me raconter ces préjugés, qui sont de la superstition. Le fantôme, c'est l'imagination du peuple. Et les signes de croix c'est l'obscurantiste ! » (p. 83), ce qui ne veut bien sûr pas dire grand-chose ;
- Pagnol retranscrit le parler enfantin. Lorsque Lili et Marcel arrivent à la grotte sous le Taoumé, Lili fait remarquer à Marcel qu'un détail leur a échappé : « Libou », « Legrosibou » insiste Lili (p. 86), et le narrateur répète « grosibous » (p. 88), entre guillemets, pour bien montrer le caractère impressionnant de l'animal, et l'effet qu'il fit sur eux, comme si ce nom à rallonge donnait une dimension chimérique au rapace. Il s'agit donc d'une retranscription plus ou moins phonétique des paroles enfantines. Les enfants prononcent à leur

façon et ne respectent pas la règle du « h » aspiré. Cette dimension d'oralité est donc doublée de l'illusion d'un retour à l'enfance ;

- les lettres des enfants sont remplies de fautes d'orthographe. Lili a une écriture libérée des contraintes orthographiques et grammaticales, ce qui rend sa lettre particulièrement savoureuse, au-delà des sonorités régionales (« Ô collègues », « adessias », etc., p. 106-107).

- par deux fois, on rencontre le mot *septante* (particularité linguistique de la Suisse et de la Belgique) dans la bouche des paysans, et non « soixante-dix ».

PISTES DE RÉFLEXION

QUELQUES QUESTIONS POUR APPROFONDIR SA RÉFLEXION...

- Après avoir visionné le film d'Yves Robert, *Le Château de ma mère*, comparez le livre avec le film. Quels éléments ont-ils été ajoutés ou retirés ? L'adaptation est-elle fidèle au texte ?
- Expliquez le titre du livre. Quels rapprochements peut-on établir entre ce titre et celui du premier volume des *Souvenirs d'enfance* ?
- Ce second volume est plus tragique, plus triste que le premier. Est-ce la fin de l'enfance qui implique cela ? Développez.
- Lili et Marcel réincarnent d'une certaine façon la fable de La Fontaine « Le rat de ville et le rat des champs ». Relevez les principales différences qu'il y a entre les deux enfants et expliquez sur quoi leur amitié est fondée.
- Lors du périple de Marcel pour la grotte du mont Taoumé, c'est l'insuffisance d'eau pour se laver qui le convainc de rebrousser chemin. Jusque-là, il éprouvait pourtant une certaine réticence vis-à-vis de cette activité (voir tome 1). Comment expliquez-vous son attitude ? Est-il aussi courageux que le prétend Lili ?
- Exemples à l'appui, comment caractériseriez-vous le style de Marcel Pagnol ?
- À quel héros de roman s'identifie Marcel Pagnol ? Comparez brièvement les deux aventuriers.

- Au terme de ce second volume, la petite sœur de Marcel n'a toujours pas été nommée. Pourquoi ?
- Selon Bouzigue, il n'y a aucune raison pour que Joseph refuse la clé pour accéder aux propriétés privées : ce chemin est plus court et moins fatigant. Le bon sens de Bouzigue s'oppose aux principes de Joseph. De quel personnage êtes-vous le plus proche ? Argumentez.
- À votre avis, peut-on qualifier cet ouvrage de roman régionaliste ?

POUR ALLER PLUS LOIN

ÉDITION DE RÉFÉRENCE

- Pagnol M., *Le Château de ma mère*, Paris, Éditions de Fallois, 2004.

ADAPTATION

- *Le Château de ma mère*, film d'Yves Robert, avec Julien Ciamaca, Philippe Caubère et Nathalie Roussel, 1990.

SUR LEPETITLITTÉRAIRE.FR

- Fiche de lecture sur *La Gloire de mon père* de Marcel Pagnol

Retrouvez notre offre complète sur lePetitLittéraire.fr

- des fiches de lectures
- des commentaires littéraires
- des questionnaires de lecture
- des résumés

ANOUILH
- Antigone

AUSTEN
- Orgueil et Préjugés

BALZAC
- Eugénie Grandet
- Le Père Goriot
- Illusions perdues

BARJAVEL
- La Nuit des temps

BEAUMARCHAIS
- Le Mariage de Figaro

BECKETT
- En attendant Godot

BRETON
- Nadja

CAMUS
- La Peste
- Les Justes
- L'Étranger

CARRÈRE
- Limonov

CÉLINE
- Voyage au bout de la nuit

CERVANTÈS
- Don Quichotte de la Manche

CHATEAUBRIAND
- Mémoires d'outre-tombe

CHODERLOS DE LACLOS
- Les Liaisons dangereuses

CHRÉTIEN DE TROYES
- Yvain ou le Chevalier au lion

CHRISTIE
- Dix Petits Nègres

CLAUDEL
- La Petite Fille de Monsieur Linh
- Le Rapport de Brodeck

COELHO
- L'Alchimiste

CONAN DOYLE
- Le Chien des Baskerville

DAI SIJIE
- Balzac et la Petite Tailleuse chinoise

DE GAULLE
- Mémoires de guerre III. Le Salut. 1944-1946

DE VIGAN
- No et moi

DICKER
- La Vérité sur l'affaire Harry Quebert

DIDEROT
- Supplément au Voyage de Bougainville

DUMAS
- Les Trois Mousquetaires

ÉNARD
- Parlez-leur de batailles, de rois et d'éléphants

FERRARI
- Le Sermon sur la chute de Rome

FLAUBERT
- Madame Bovary

FRANK
- Journal d'Anne Frank

FRED VARGAS
- Pars vite et reviens tard

GARY
- La Vie devant soi

GAUDÉ
- La Mort du roi Tsongor
- Le Soleil des Scorta

GAUTIER
- La Morte amoureuse
- Le Capitaine Fracasse

GAVALDA
- 35 kilos d'espoir

GIDE
- Les Faux-Monnayeurs

GIONO
- Le Grand Troupeau
- Le Hussard sur le toit

GIRAUDOUX
- La guerre de Troie n'aura pas lieu

GOLDING
- Sa Majesté des Mouches

GRIMBERT
- Un secret

HEMINGWAY
- Le Vieil Homme et la Mer

HESSEL
- Indignez-vous !

HOMÈRE
- L'Odyssée

HUGO
- Le Dernier Jour d'un condamné
- Les Misérables
- Notre-Dame de Paris

HUXLEY
- Le Meilleur des mondes

IONESCO
- Rhinocéros
- La Cantatrice chauve

JARY
- Ubu roi

JENNI
- L'Art français de la guerre

JOFFO
- Un sac de billes

KAFKA
- La Métamorphose

KEROUAC
- Sur la route

KESSEL
- Le Lion

LARSSON
- Millenium I. Les hommes qui n'aimaient pas les femmes

LE CLÉZIO
- Mondo

LEVI
- Si c'est un homme

LEVY
- Et si c'était vrai...

MAALOUF
- Léon l'Africain

MALRAUX
- La Condition humaine

MARIVAUX
- La Double Inconstance
- Le Jeu de l'amour et du hasard

MARTINEZ
- Du domaine des murmures

MAUPASSANT
- Boule de suif
- Le Horla
- Une vie

MAURIAC
- Le Nœud de vipères

MAURIAC
- Le Sagouin

MÉRIMÉE
- Tamango
- Colomba

MERLE
- La mort est mon métier

MOLIÈRE
- Le Misanthrope
- L'Avare
- Le Bourgeois gentilhomme

MONTAIGNE
- Essais

MORPURGO
- Le Roi Arthur

MUSSET
- Lorenzaccio

MUSSO
- Que serais-je sans toi ?

NOTHOMB
- Stupeur et Tremblements

ORWELL
- La Ferme des animaux
- 1984

PAGNOL
- La Gloire de mon père

PANCOL
- Les Yeux jaunes des crocodiles

PASCAL
- Pensées

PENNAC
- Au bonheur des ogres

POE
- La Chute de la maison Usher

PROUST
- Du côté de chez Swann

QUENEAU
- Zazie dans le métro

QUIGNARD
- Tous les matins du monde

RABELAIS
- Gargantua

RACINE
- Andromaque
- Britannicus
- Phèdre

ROUSSEAU
- Confessions

ROSTAND
- Cyrano de Bergerac

ROWLING
- Harry Potter à l'école des sorciers

SAINT-EXUPÉRY
- Le Petit Prince
- Vol de nuit

SARTRE
- Huis clos
- La Nausée
- Les Mouches

SCHLINK
- Le Liseur

SCHMITT
- La Part de l'autre
- Oscar et la Dame rose

SEPULVEDA
- Le Vieux qui lisait des romans d'amour

SHAKESPEARE
- Roméo et Juliette

SIMENON
- Le Chien jaune

STEEMAN
- L'Assassin habite au 21

STEINBECK
- Des souris et des hommes

STENDHAL
- Le Rouge et le Noir

STEVENSON
- L'Île au trésor

SÜSKIND
- Le Parfum

TOLSTOÏ
- Anna Karénine

TOURNIER
- Vendredi ou la Vie sauvage

TOUSSAINT
- Fuir

UHLMAN
- L'Ami retrouvé

VERNE
- Le Tour du monde en 80 jours
- Vingt mille lieues sous les mers
- Voyage au centre de la terre

VIAN
- L'Écume des jours

VOLTAIRE
- Candide

WELLS
- La Guerre des mondes

YOURCENAR
- Mémoires d'Hadrien

ZOLA
- Au bonheur des dames
- L'Assommoir
- Germinal

ZWEIG
- Le Joueur d'échecs

Et beaucoup d'autres sur lePetitLittéraire.fr